Opas
schicker Hut

Werkzeug

AF176973

rosa
Tofurwürstchen

mein
Eis

kaputte
Uhr

freier
Parkplatz

DAS
GIBT ES
AUCH NOCH
ALLES ZU
SUCHEN?

PUH.

UND
UNS
DAZU.

Für Minneopo

1. Auflage 2019
© Annette Betz in der Ueberreuter Verlag GmbH, Berlin 2019
ISBN 978-3-219-11787-5

Lektorat: Christiane Lawall
Umschlag- und Innenillustrationen: Katharina Grossmann-Hensel
Druck und Bindung: optimal media GmbH, Röbel / Müritz

www.annettebetz.de

KATHARINA GROSSMANN-HENSEL

OMAOPA FIND ICH GUT

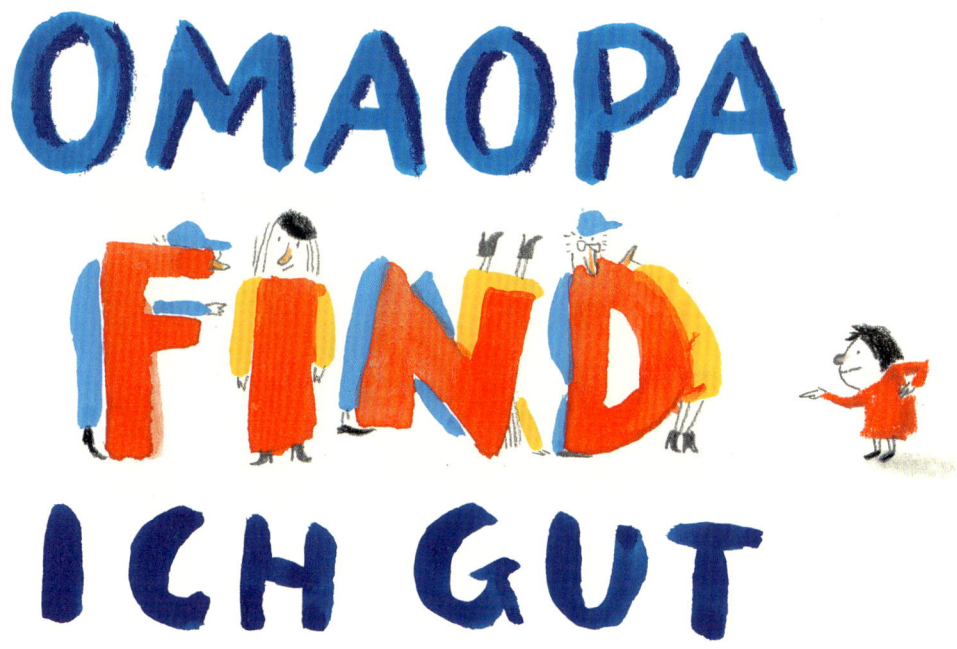

annette betz

Das sind Omaopa. Sie verreisen gerne.
Aber manchmal sind sie auch zu Hause.
Und dann bin ich ihr Besuch.

»Nenn mich ruhig Moma«, sagt Oma, »das gefällt mir besser.«
Also gut, das ist meine Oma.
Sie mag es lieber, wenn ich sie Moma nenne.
Sie ist die allerallerschlechteste Versteckerin, die ich kenne.

»Du musst bis zehn zählen«, sagt sie.
»Kannst du das?«
Natürlich kann ich das.
»Und du musst dich verstecken«, sage ich.

Aber das kann sie nicht so gut ...

Sie sucht sich ein neues Versteck.
Ich sehe sie durch meine Finger.

»Nicht gucken«, sagt Oma.
Um Oma zu finden, brauche ich
wirklich nicht zu linsen ...

... selbst wenn sie sich so richtig viel Mühe gibt.

Also NOCH MAL. Ich sage: »Mäuschen, mach mal Piep ...«

Piiiep
Piiiep
Piiiep

Ich muss Oma unbedingt das Flüstern beibringen.

Aber eins muss ich schon sagen, meine Oma ist
sehr gelenkig. Sie verrenkt sich sonst wie.

Wir spielen Vögel,
die fliegen ...

... und landen.

Und noch
mehr landen.

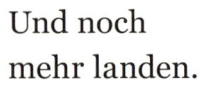

WIE
LANGE
LANDEN WIR
DENN NOCH?

Wir spielen auch
Braunbären, die
Birnen pflücken.

Und riesige Elefanten, die ganz still
den Wald beobachten.

Wir spielen Meerschweinchen,
die sehr viel Mittagsschlaf brauchen.

Wir spielen düsende
Delphine und auch noch
schwankende Seepiraten
beim Papageiwerfen.

Dann spielen wir wieder
Verstecken.
Ich entdecke Oma immer.
Sogar, wenn wir nach
draußen gehen.

Chantalle

Chez P. Andouillette

Das ist mein Opa.
Er heißt einfach Opa.
Er ist der allerallerschlechteste Lügner, den ich kenne.
»Opa, hast du Moma gesehen?«

»Waaaaas? WEN? Iiiiccch?
Warum denn gerade ich?
Nein, ich habe Moma SEIT TAGEN
nicht mehr gesehen!«

BASILIKUM KAKTUS ROSMARIN

Und dann sind die beiden dran.
»Jetzt müsst ihr mich suchen.
Zählt mal bis zwanzig. Könnt ihr das?«

Sie finden mich nie.

Entweder ich bin der allerallerweltbeste
Versteckter oder Omaopa brauchen neue Brillen.

HIER
BIN
ICH!

ACH, DAAA WARST DU!

WIR HÄTTEN DICH JA NIE
GEFUNDEN!

WAS FÜR EIN GUTES VERSTECK!
WIE BIST DU BLOSS
AUF DIE IDEE GEKOMMEN.
TOLL.
GANZ TOLL.

Das Merkwürdige ist nur, auch in allen anderen Spielen bin ich besser als sie.
Ich gewinne immer.

TJA.
DA HAB ICH
WOHL WIEDER
VERLOREN...

ICH GEBE
AUF! HIER
SIND MEINE
KARTEN...

ICH GLAUBE, OPA
HAT SCHON
WIEDER DAS
GANZE INTERNET
GELÖSCHT!

ALS
MEI
INTER
GEH

Zumindest, wenn ich bei meinen Großeltern bin ...

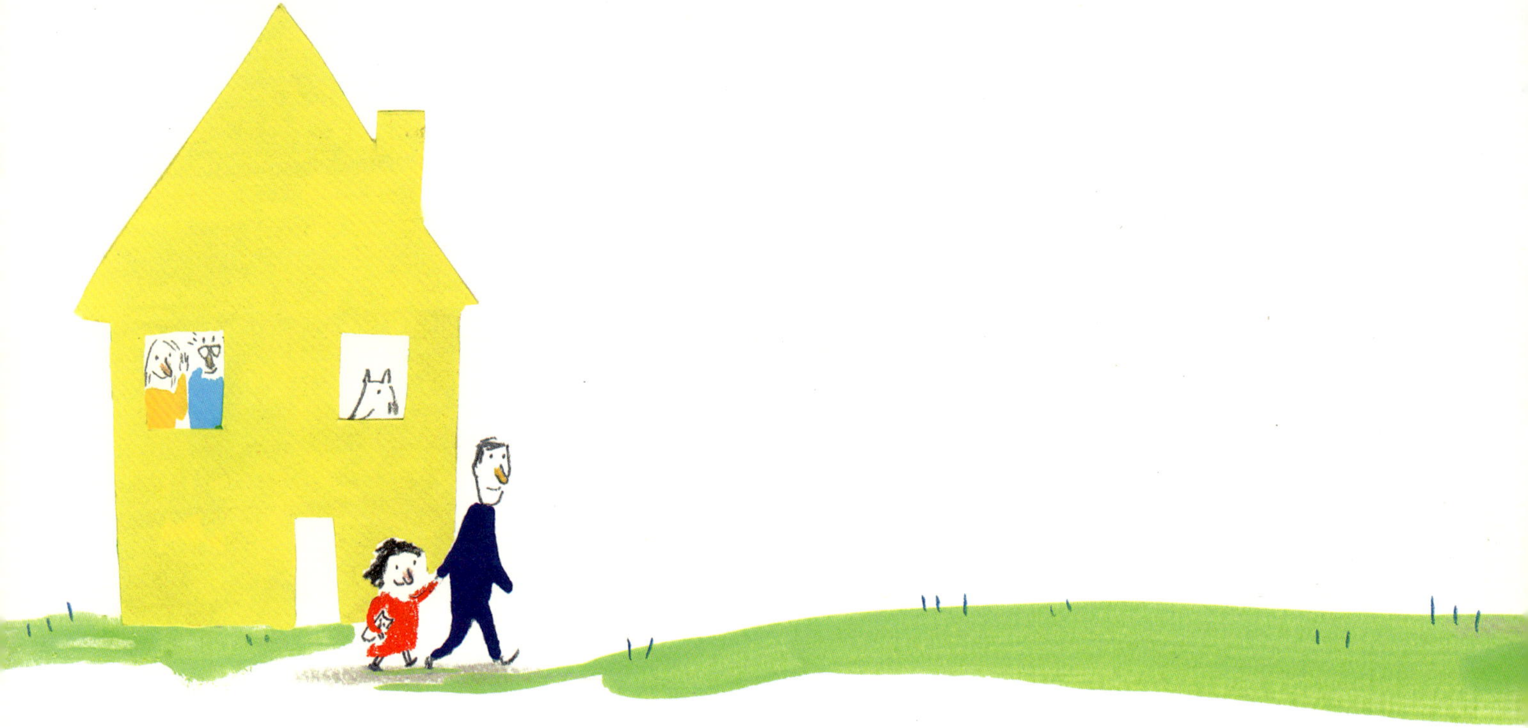

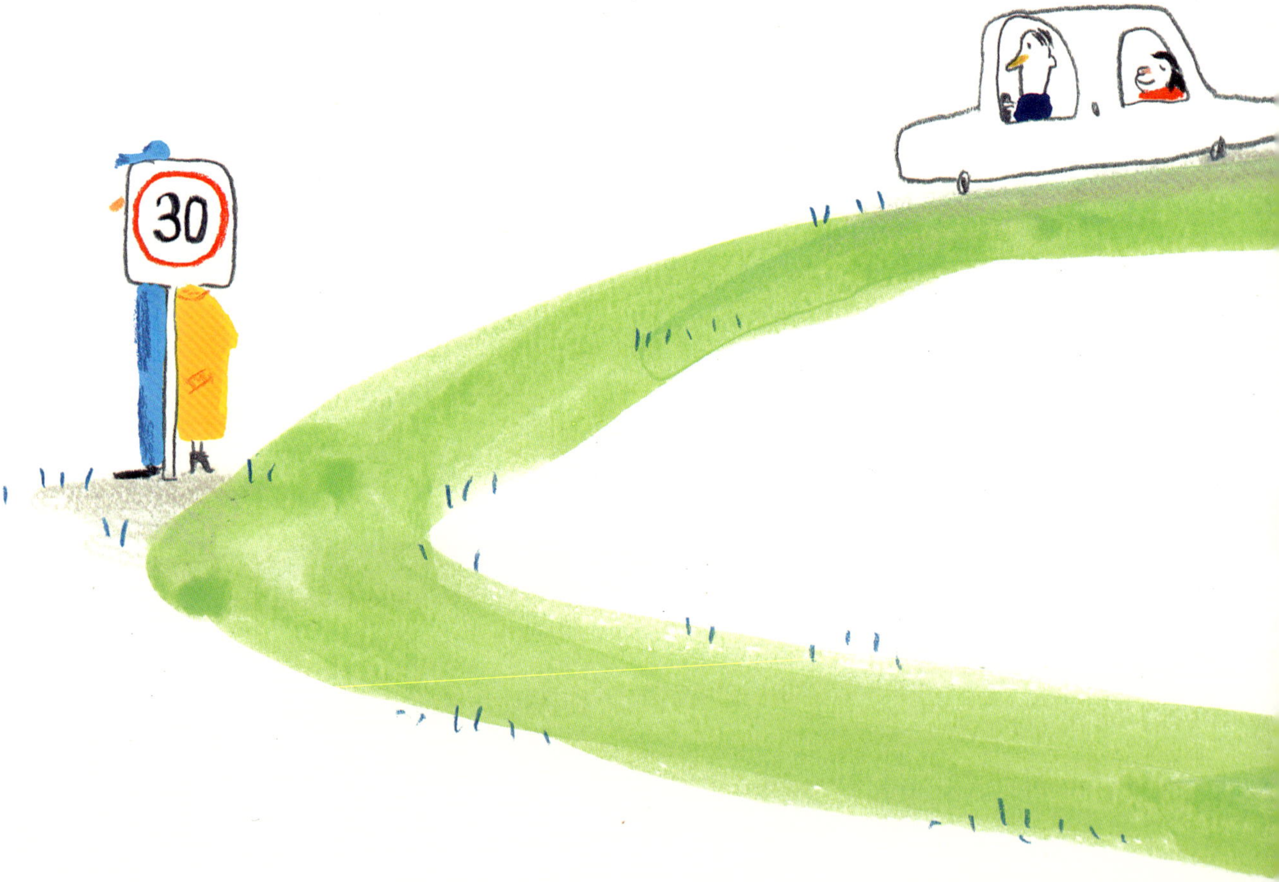
30